Künstliche Intelligenz

Einblick in Machine Learning, Deep Learning, Neuronale Netze, NLP, Robotik und das Internet der Dinge

2. Auflage 2019

Inhaltsverzeichnis

Einleitung

Die Frage, ob Maschinen in der Lage sind zu denken, beschäftigt die Menschen seit Beginn des elektronischen Rechnens. Mittlerweile liegt der Schwerpunkt dieser Überlegung nicht mehr in der Möglichkeit der Sache, sondern in der realistischen Umsetzung. Das Wesen der Intelligenz ist die wohl letzte irdische Grenze der Naturwissenschaften, die etliche Forscher seit Jahrzehnten zu überwinden versuchen. Trotzdem scheint immer noch der letzte Baustein zu fehlen, der die Verbindung zwischen unserem Gehirn und dem Ursprung von Intelligenz herstellt. Bisher können Computer zwar komplexe Berechnungen durchführen, aber nur begrenzt spezifische Schlussfolgerungen anstellen. Existierende Systeme wissen nur Dinge, die ihnen aus menschlichem Verständnis übertragen wurden. Könnte es diese Fähigkeit der eigenen Herleitung sein, die Intelligenz an sich ausmacht? Wo liegt der Unterschied zwischen der Intelligenz von Computern, und der unseres Gehirns?

Wir leben in einer Zeit, in der die Lösung auf das Problem, Intelligenz zu verstehen, kein bloßes Wunschdenken mehr ist. Wir haben Zugriff auf gewaltige Datenmengen an Informationen über das menschliche Gehirn, die über Jahrtausende hinweg zusammengetragen wurden. Im heutigen Informationszeitalter wächst das globale Datenvolumen zum Thema "Künstliche Intelligenz" jährlich um mehr als 50%- schneller als jemals zuvor. Die Geschwindigkeit, mit der wir neue Informationen gewinnen, nimmt rapide zu. Dies liegt nicht zuletzt daran, dass der internationale Wettstreit um den Spitzenplatz im Bereich der künstlichen Intelligenz immer ernster wird. Denn künstliche Intelligenz stellt eine gewaltige Ressource dar. Sie könnte ihren Erfindern sogar die absolute Übermacht verleihen, da diese Software die Grenzen unseres menschlichen Wissens in kürzester Zeit weit überschreiten würde. Neben diversen Einsatzbereichen ist das zentrale Thema der künstlichen Intelligenz das eigenständige Lernen der Systeme, mit dem Ziel, die künstliche Intelligenz intelligenter zu machen und neue Probleme und Lösungen von selbst zu erkennen.

Künstliche Intelligenz

KI=Künstliche Intelligenz ist die Fähigkeit einer Maschine, intellektuelle Tätigkeiten auszuführen, zu denen sonst nur das menschliche Gehirn fähig ist. Diese Tätigkeiten sind die Kapazität für Wissen und die Befähigung, sich dieses Wissen anzueignen. Zusätzlich die Fähigkeit zu Urteilen, Beziehungen zu verstehen und eigene Gedanken und Meinungen zu produzieren. Künstliche Intelligenz ist ein Wesen/ein Dasein, welches komplexe Probleme lösen kann. Grundsätzlich wird davon ausgegangen, dass dieses Dasein durch einen Computer oder eine Maschine verkörpert wird. KI ist ein Zusammenspiel aus Informatik und Intelligenz, verpackt in Artikulation durch Sprache. Sie soll den rechnerischen Part beim Erreichen aller möglicher Ziele erledigen, die die Kompetenz von Menschen übersteigen. Intelligenz ist die Fähigkeit des Denkens,

Vorstellens, Erinnerns, Verstehens und des Wiedererkennens von Mustern, aber auch des Treffens von Entscheidungen, aus denen wiederum gelernt werden soll. Künstliche Intelligenz zielt darauf ab, ein menschliches Verhalten, jedoch eine übermenschliche Intelligenz, zu kreieren.

Einer der Hauptvorteile künstlicher Intelligenz ist, dass ihre Entscheidungen nicht auf Emotionen, sondern auf Logik basieren. Trotz unserer größten Anstrengungen wissen wir, dass menschliche Entscheidungen und Handeln durch unsere Gefühle zum negativen beeinflusst werden. Unsere Emotionen werden wiederum von etlichen äußeren Einflüssen verändert, die oft ebenfalls außerhalb unserer Kontrolle liegen. Wir sind ein Produkt unserer Umgebung. Und diese formt unsere Perspektive und damit unsere individuelle Reaktion auf jedes Problem. Auch wenn wir uns noch so viel Mühe geben, eine neutrale und logische Sichtweise zu behalten, können wir unsere, meist unbewussten, Voreingenommenheiten nicht abschalten. Nicht nur in dem Aspekt der realistischen Einschätzung wären Maschinen uns voraus. Sie könnte das Gelernte außerdem in kürzester Zeit auf andere Geräte übertragen, und somit jahrelanges menschliches Training in den Schatten stellen. Auf dem heutigen Stand ist künstliche Intelligenz noch unkreativ, was ihre Antworten bei der Kommunikation betrifft. Sie kann die Logik ihrer eigenen Entscheidungen und Erklärungen nicht nachvollziehen, oder selbst argumentieren. Sie kann nicht wissen, wenn es zu einem Problem keine Lösung gibt, denn sie macht sich keine tatsächlichen “Gedanken”, sondern greift nur auf ihre bestmöglichen Datensätze zurück. Jede Fehlfunktion kann dazu führen, dass die künstliche Intelligenz falsche Antworten produziert, da sie ihre Ergebnisse nicht rechtfertigen oder erklären kann. Gegner künstlicher Intelligenz argumentieren, dass sie zukünftig immer mehr Berufsfelder beeinflussen und teilweise ganze Arbeitsplätze ersetzen wird, was zu einer steigenden Arbeitslosigkeit führen könnte. Dies könnte eine Welle an Depressionen, Verbrechen und Armut nach sich ziehen. In einigen Berufsfeldern mag diese Angst nicht ganz unbegründet sein, doch trotzdem werden Maschinen, Menschen nie ganz ersetzen können, da menschliche Berührung und zwischenmenschlicher Kontakt seit jeher essentieller Bestandteil unseres Daseins ist. Die Fürsorge einer Krankenschwester oder einer Kindergärtnerin wird nur schwer von Maschinen nachstellbar sein.

"Starke" künstliche Intelligenz

Das Prinzip hinter einer starken künstlichen Intelligenz ist, dass sie für sich selbst denken kann und damit dem menschlichen Verstand perfekt repräsentiert. Die Vertreter starker künstlicher Intelligenz sehen Maschinen zukünftig als gleichgestellte Lebensformen an unserer Seite, die unser menschliches Verhalten nachahmen und sich auf der gleichen oder höheren intellektuellen Ebene befinden. In diesem Fall haben die Maschinen Vernunft und haben alle Fähigkeiten, die Menschen auch haben. Unsere momentane Technik kommt dieser Vorstellung nicht annähernd nah und es wird diskutiert ob diese Art von künstlicher Intelligenz überhaupt jemals möglich sein wird. Starke künstliche Intelligenz ist also die Form von KI, die wir in Filmen sehen und wie wir sie uns vorstellen: unfassbar schlau, eigenständig, selbstbestimmt.

“Schwache” künstliche Intelligenz

Bei schwacher KI geht es mehr darum, dass Maschinen und Computer programmiert werden können, um Intelligenz vorzutäuschen. Gedanken-ähnliche Eigenschaften und Abläufe werden imitiert, als Werkzeuge für das einfachere Entdecken von Lösungswegen. Diese Entwicklung lässt sich bereits in unserem Alltag mit Technologien wie “Alexa” oder “Siri” beobachten. Oft haben wir das Gefühl dass die Maschine eine Art Persönlichkeit hat, da sie dazu programmiert worden ist, auf bestimmte Phrasen humorvolle Antworten zu geben. Auch ein Schachspieler hat vielleicht den Eindruck, dass der Computer, gegen den er spielt, beeindruckende Züge macht. Aber das Schachprogramm denkt oder plant keineswegs. Jeder Zug den es macht wurde ihm vorher bereits über Daten von einem Menschen gefüttert. So vergleicht er schlichtweg die Situation und kann so den besten Lösungsweg nehmen. Ein weiteres Beispiel für schwache künstliche Intelligenz sind Spracherkennungstechnologien. Schwache KI hat also nichts mit tatsächlicher autonomer Intelligenz zu tun, sondern ist schlichtweg das abrufen zu Verfügung gestellter Daten. Der Computer “denkt” hierbei nicht wirklich selbst, sondern geht nur erlernte Algorithmen durch.

Geschichte der Künstlichen Intelligenz

Die Vorstellung eines technischen Replikates des Menschen und die damit verbundenen Herausforderungen sind ein weit zurückreichendes Gedankenspiel. Schon unsere Vorfahren beschäftigten sich mit den Mechanismen des Denkens, und wie man dieses imitieren könnte. Ab dem 16. Jahrhundert gab es immer wieder beliebte Geschichten über vom Menschen künstlich erschaffene Geschöpfe, die ihren eigenen Willen haben, wie beispielsweise der Homunculi, der Golem oder Frankenstein. Natürlich dienten diese Überlegungen zu damaliger Zeit mehr der Unterhaltung, als dass es real umsetzbare Möglichkeiten waren.

Die tatsächliche Geschichte und Anfänge der künstlichen Intelligenz reicht nunmehr 60 Jahre zurück und war auf der bisherigen Wegstrecke mit vielen Hoffnungen und mindestens ebenso vielen Enttäuschungen verbunden. Die Betrachtung der bisherigen Entwicklungen und der Zeitraum, in denen diese erreicht wurden, ermöglichen eine relativ genaue Prognose für die Zukunft der künstlichen Intelligenz.

Die Geburtsstunde der künstlichen Intelligenz war 1956. Professor McCarthy der Stanford University, Professor M. L. Minsky des Massachusetts Institute of Technology und Professoren H. Simon, zusammen mit C. E. Shannon des IBM und anderen Forschern entwickelten damals erstmals das Konzept einer "künstlichen Intelligenz" am Dartmouth College in den USA. Ihre Idee basierte hauptsächlich auf der Vorstellung einer starken, von Menschenhand gebauten Intelligenz, die über ein menschliches Denkvermögen und Verständnis, sowie ein Lernvermögen verfügt.

Seit 1970 breitete sich das Thema KI in andere Forschungsbereiche aus. Darunter das mechanische Aufstellen von Beweisen, maschinelles Übersetzen, Expertensysteme, Spieltheorie, Mustererkennung, Machine Learning und Robotik. Die aktive Beschäftigung mit diesen Themengebieten waren unter anderem die Katalysatoren für neue Entdeckungen in Bereichen der Verhaltenstheorie und Symbolismus.

Die Grundpfeiler für KI waren schon früh gesetzt, doch die Entwicklung ging eher schleichend voran. Obwohl wir heutzutage auf einem damals undenkbaren Stand sind, sind wir immer noch weit von einer künstlichen Intelligenz in dem Sinne, wie sie sich die Menschen **damals** vorgestellt haben, entfernt.

Machine Learning

Die offizielle Definition des Machine Learning, auch "Maschinelles Lernen" ist: "Ein künstliches System lernt aus Beispielen und kann diese nach Beendigung der Lernphase verallgemeinern." Der Computer wird also mit Informationen und Erfahrungen versorgt, die ihm die Fähigkeit geben, die Aufgabe zukünftig besser und effizienter zu erledigen. Der Maschine wird erklärt, wie das Rätsel funktioniert, doch die Lösung dazu findet sie selbst heraus. Die Grundidee dieses Konzepts ist, dass der Code des Programms nicht verändert werden muss, sondern bereits so aufgebaut ist, dass der Computer ihn eigenständig in Echtzeit mit neuen Informationen ergänzen kann und nur ab und zu mal von Menschen kontrolliert werden muss. So kann er sofort abgeschaltet und überarbeitet werden, sollten tatsächlich Probleme oder Fehlberechnungen auftreten. "Maschinelles Lernen" wird innerhalb zwei verschiedener Algorithmischer Ansätze betrieben. Dem überwachten und unüberwachten Lernen.

Beim **überwachten Lernen** (supervised learning) ist immer menschliche Unterstützung involviert, die dem Algorithmus mit Paaren von Ein- und Ausgaben versorgt und dabei den korrekten Funktionswert vorgibt. Durch das Wiederholen dieser Rechengänge soll das System nach und nach in der Lage sein, selbst Assoziationen herzustellen. Ein Beispiel hierfür wäre der Spam-Ordner unseres E-mail Faches. Jedes mal wenn wir eine unserer Mails als Spam klassifizieren, erkennt das System die Charakteristiken und überprüft zukünftige Mails und erspart uns so die Arbeit.

Bei **unüberwachten Lernmethoden** (unsupervised learning) wird das Programm mit Massen an Daten gefüttert, aus denen es selbst schlau werden muss. Der Algorithmus erzeugt aus dem Input ein Modell, das anschließend Vorhersagen ermöglicht. Die Daten werden nach charakteristischen Mustern unterschieden und in entsprechende Kategorien eingeteilt. So werden bestimmte Kriterien für die Kategorien gespeichert, die die Einteilung von zukünftigen Daten erleichtern. Hierbei findet kein menschliches Eingreifen statt und der Computer erledigt die Auswertung der Daten eigenständig. Dies kommt zum Beispiel im Aktienmarkt zum Einsatz, wenn ein Trend-Analyseprogramm vorhersagt, wann und warum Aktien fallen und wann dies wieder passieren wird. Die Hintergründe von Aktienkursen sind nahezu unmöglich vorherzusagen, weshalb wir Menschen uns lieber auf ein Programm verlassen, solange es die gewünschten Ergebnisse erzielt.

Beim maschinellen Lernen gibt es außerdem weitere verschiedene Untertypen, die alle entweder unüberwacht, überwacht oder teilweise überwacht durchgeführt werden können. Prinzipiell geht es hierbei immer darum, dass die Maschine Klassifikationen und Modelle erstellt, nach denen die zukünftigen Daten eingeteilt und bestimmt werden können.

Maschinelles Lernen ist ein Iterationsprozess, der es einem Computer ermöglicht, das selbe Programm tausende Mal pro Tag zu durchlaufen und dabei bei jedem Durchgang ein besseres Ergebnis zu erzielen. Grundsätzlich erinnert dieses Konzept an die natürliche Evolution. Ein Programm mit der Fähigkeit selbst zu lernen, kann sich exponentiell verbessern und wird keine Schwierigkeiten haben, die menschliche Intelligenz binnen kürzester Zeit zu überholen und weit zu übersteigen.

Versuch und Irrtum

Unser menschliches Dasein, und auch das der Tiere um uns herum, basiert auf dem Versuch-und-Irrtum-Prinzip. Unsere ständige Neugier bewegt uns dazu, Dinge auszuprobieren, die uns potenziell schaden könnten, uns aber nicht davon abhalten die Wissbegierde zu stillen. Wir berühren die heiße Herdplatte, nur um herauszufinden, wie es sich anfühlt. Der Schmerz, den wir dabei erfahren, lehrt uns etwas neues über die Welt und diese Erfahrung hilft uns dabei, zukünftige Vorfälle besser einzuschätzen. Der Sinn dieser konstanten Rückmeldungen ist, dass wir uns einer sich ständig ändernden Umgebung anpassen können, und so in unserer Art fortbestehen können. Unsere neue Fähigkeiten sicherten einst unser Überleben, auch wenn diese sich zu heutigen Zeiten mehr auf Tennis spielen, Skifahren oder Kochen beschränken. Doch all diese Fähigkeiten haben ihren Ursprung in urzeitlicher Neugier, Fehlerkorrektur und der Fähigkeit, abstrakte Konzepte logisch umzusetzen. Seit Jahrzehnten tun Wissenschaftler und Programmier ihr bestes, diese Qualitäten auch den Maschinen zu verleihen, die uns in unserem Alltag unterstützen und behilflich sein sollen. Unsere elektronischen Assistenten stehen uns stets zur Seite und lösen unsere Probleme im Handumdrehen. Jahr für Jahr werden diese Geräte schlauer und effizienter, mit dem Vorsatz uns noch besser zu dienen.

Vorteile des Machine Learning

Auch wenn das eigenständige Lernen von Computern für uns oft etwas bedrohlich und apokalyptisch klingt, ergeben sich daraus große Potenziale, die unseren Alltag erheblich erleichtern können. Machine Learning ermöglicht uns -zum Beispiel aufwendige und langwierige Arbeiten, wie das Sortieren von Akten oder Auswerten von Rechnungen, an den Computer abzugeben. Hat das System sich die entsprechende Arbeit einmal angeeignet, können wir uns wichtigeren Dingen zuwenden und darauf vertrauen, dass die Arbeit zuverlässig erledigt wird. So werden zukünftig sicher einige menschliche Arbeitsplätze ersetzt werden, besonders in Bürotätigkeiten, da Menschen meist ein deutlich höheres Fehlerpotenzial aufweisen als Computer. Geschehnisse aus dem Alltag beeinflussen unsere Konzentration und die Arbeit wird halbherzig oder unzureichend erledigt. Da die Leistung von Computern, zumindest noch nicht von emotionalen Zuständen beeinflusst werden kann, wird es für Arbeitgeber effizienter sein, bestimmte Positionen eher maschinell als menschlich zu besetzen. Ähnliche Techniken werden nicht nur in unseren vier Wänden, sondern auch im medizinischen sowie wirtschaftlichen Bereich zur Anwendung kommen. Machine Learning kann beispielsweise bei der Diagnose von Krankheiten behilflich sein, indem Daten aus elektronischen Patientenakten ausgewertet werden und erkannte Muster eine Diagnose, sowie entsprechende Behandlungsvorschläge, ermöglichen. Schon heute arbeiten Maschinen in der Erkennung von Körper-Unregelmäßigkeiten und machen so beispielsweise Tumore oder andere unerwünschte Geschwüre aus. Besonders gut umsetzbar ist bisher die automatische Erkennung von Objekten, Tieren und Gesichtern, ein Grundstein für die Lösung komplexerer Abbildungen. In der Industrie werden beispielsweise bereits Programme verwendet, die maschinell hergestellte Bauteile während der Fertigung auf Mankos überprüfen. Sollte der Computer Fehler oder Schäden im Endprodukt erkennen, sortiert er dieses eigenständig aus. So müssen Firmen keine Mitarbeiter einstellen, deren einzige Aufgabe es ist, das immer gleiche Produkt auf die immer gleichen Fehler zu untersuchen. Computer können wesentlich größere Datenmengen schneller erkennen, auswerten und einteilen, als Menschen, und das ohne potenzielle Fehler oder Irrtümer. Diese Differenz wird zukünftig immer höher werden und damit mit großer Wahrscheinlichkeit einige menschliche Einsatzgebiete ausrotten.

Künstliche neuronale Netze

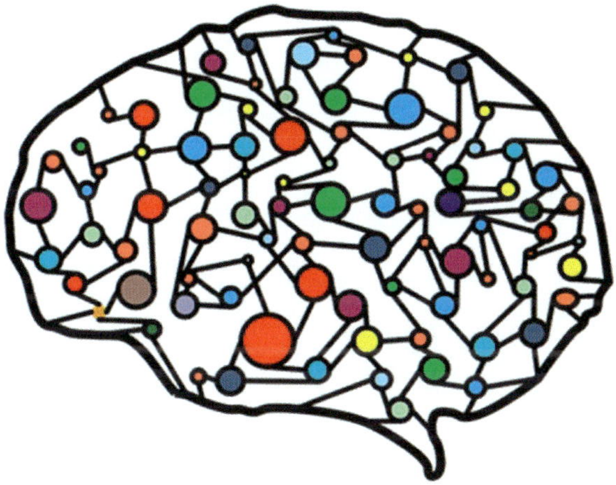

Was ist ein künstliches neuronales Netzwerk?

Künstliche neuronale Netzwerke sind eine der Hauptwerkzeuge im Machine Learning. Wie der "neuronale" Teil der Bezeichnung schon zu erkennen gibt, handelt es sich hier um Systeme, die am Aufbau des menschlichen Gehirns inspiriert sind und die Art und Weise, wie Menschen lernen, imitieren sollen. Neuronale Netzwerke bestehen aus Input und Output Layern, sowie aus einem versteckten Layer, der aus Einheiten besteht, die die Ergebnisse des Input Layers in etwas verwandeln, das der Output Layer verwenden kann. Dieses Instrument eignet sich perfekt für Muster, die für einen menschlichen Programmierer zu umfangreich oder komplex sind, als dass er sie der Maschine zur Erkennung beibringen könnte. Jahrelang haben Wissenschaftler versucht Roboter dem Menschen ähnlicher zu machen. Die Erfindung des

“Roboter-Gehirns”, der neuronalen Netzwerke, verleiht Robotern die Fähigkeit, sich die Lernfähigkeiten menschlicher Gehirne zu Nutze zu machen, indem es den Aufbau und die Funktionsweise unseres Gehirns imitiert. Künstliche neuronale Netzwerke sind wesentlich fortgeschrittener als Befehls-basierte Computersysteme, da sie Informationen auf die gleiche Weise interpretieren und verarbeiten, wie die Großhirnrinde von Säugetieren. Die Ziele der Erforschung dieser Strukturen ist nicht die bloße Replikation unseres Gehirns, sondern auch ein vollständiges Verständnis über seine Funktionen und Mechanismen. Bisher gab es in diesem Feld einige wesentliche technische Fortschritte, obgleich es noch einige Grauzonen gibt, die mit hoher Wahrscheinlichkeit in Zukunft ebenfalls erobert werden.

Das künstliche Gehirn

Genau wie ein Kleinkind nach wiederholtem Hinweis, hunderten Beispielen und erfolglosen Vermutungen lernt, eine Katze zu erkennen, lernt auch ein künstliches neuronales Netzwerk durch massive Mengen an Versuchs-Durchgängen und Daten. Traditionnelle Computer sind deterministisch. Wenn ihnen ein Problem gestellt wird greifen sie anhand der Anweisungen auf Daten ihrer gespeicherten Erinnerung zurück und führen mit deren Hilfe die Lösung aus. Sie orientieren sich also nur an vergangen Vorgehensweisen. Künstliche neuronale Netzwerke führen jedoch eine Reihe von parallelen Probe-

Durchgängen durch, um somit die beste aller möglichen Lösungen zu ermitteln. Die individuellen Neuronen, die die Durchgänge ausführen werden durch diese Versuche erneut trainiert. Im Grunde genommen bilden also einzelne Verarbeitungselemente ein eingespieltes Team, das externe Eingaben auswertet.

Die Ziele der Erforschung neuronaler Netzwerke

Noch immer ist es Forschern ein Rätsel, wie das menschliche Gehirn komplexe Aufgaben, wie das visuelle Identifizieren und Unterscheiden von Gesichtern und Handschriften, derart problemlos ausführen kann. Sogar einfache Tiergehirne sind wesentlich fortgeschrittener in Funktionen, die für Computer noch unmöglich erscheinen. Ein System für die Erkennung von Handschriften zu erschaffen, erfordert Aspekte des Deep Learning und die wiederholte Eingabe von Millionen von Daten und Neuronalen Verbindungen. Statt solche komplexen Prozesse zu kreieren konzentriert sich die Forschung im Bereich der neuronalen Netzwerke mehr auf natürlich gegebene Fähigkeiten, die bisher noch nicht durch Programmierung gelöst werden konnten.

Böse Zungen der Vergangenheit behaupteten stets, dass selbstfahrende Autos oder Roboter mit menschenähnlichen Fähigkeiten niemals möglich sein würden. Nun existieren diese Dinge bereits. Künstliche neuronale Netzwerke machten Roboter lernfähig und dies unterscheidet sie von allen bisherigen Computern. Zwar können die einzelnen Neuronen von Menschenhand auf bestimmte Art programmiert werden, doch das System ist darauf ausgelegt, sich basierend auf neuen Daten, die es erhält, selbst zu korrigieren. Das bedeutet dass ein Roboter nach der Aufnahme bestimmter Informationen in der Lage ist, eine Lüge zu identifizieren. So lernt die Maschine und kann letztendlich Abbildungen bestimmter Tierarten erkennen oder auch einen Autounfall verhindern, indem sie selbstständig die Bremse des Fahrzeugs betätigt. Dieses adaptive Lernen bedeutet im Prinzip, dass Roboter, Daten selbstständig auswerten und basierend auf ihrer individuellen Interpretation der Realität, Änderungen an ihrer eigenen Programmierung vornehmen. Aus diesem komplizierten Prozess ergibt sich der Beweis, dass künstliche neuronale Netzwerke in Kombination mit künstlicher Intelligenz verschiedene Vorurteile und Meinungen in Robotern erzeugen können, so wie es beim Menschen der Fall ist. Sie könnten also ihre eigenen Ansichten auf die Welt entwickeln. Neuronale Netzwerke sind das "Gehirn", das zum Deep Learning und der Überarbeitung seiner Programmierung in der Lage ist.

Tiefes Neuronales Netzwerk - Deep Learning

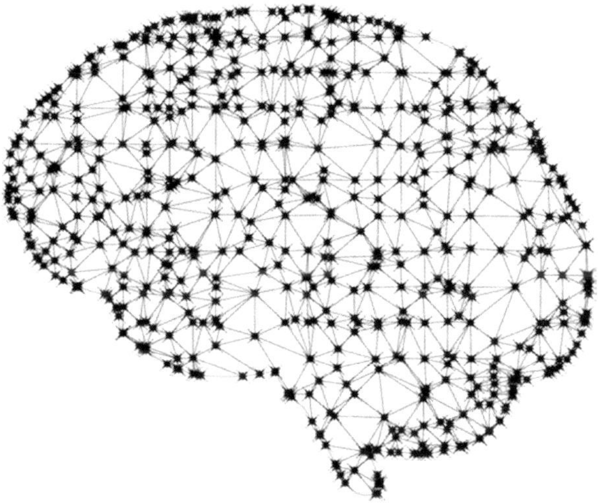

Deep Learning ist eine besondere Technik des Machine Learning, bei der die Systeme beigebracht bekommen, was Menschen automatisch können, aus Beispielen lernen. Im Grunde genommen ist Deep Learning=Machine Learning. Es funktioniert auf dieselbe Art und Weise, hat jedoch andere und höhere Potenziale. Standard Machine Learning-Systeme werden zwar immer besser in ihrer jeweiligen Funktion, benötigen aber immer noch menschliche Steuerung. Wenn ein Algorithmus ungenaue Vorhersagen trifft, muss ein Ingenieur Anpassungen vornehmen. Bei einem Deep Learning Modell kann der Algorithmus selbst einschätzen, ob eine Vorhersage genau ist oder nicht. Es ist der Schlüssel zu Technologien wie selbstfahrenden Autos, die zwischen Fußgängern und Laternen unterscheiden können. Es ist der Schlüssel zu Sprachsteuerung, die bereits in Geräten wie Smartphones, Tablets, TVs und

Lautsprechern verwendet wird. Deep Learning genießt zur Zeit enorm viel Aufmerksamkeit, und das aus gutem Grund, es ermöglicht Errungenschaften, die vor seiner Erfindung undenkbar waren.

Beim Deep Learning lernt ein Computer, Klassifizierungs-Aufgaben direkt aus Bildern, Text oder Ton zu lösen. Deep Learning Modelle erreichen dabei teilweise eine Genauigkeit, die unsere menschliche Leistung bereits weit überschreitet. Die Systeme werden durch große Mengen an definierten Daten und neuronalen Netzwerkstrukturen mit vielen Layern trainiert.

Doch wie ist es möglich, dass Deep Learning solch beeindruckende Ergebnisse erzielt? Durch seine Genauigkeit. Die Erkennungsgenauigkeit erreicht höhere Ebenen, als jede Technik bisher. So erfüllen neue Smartphone-Generationen die Erwartungen der Konsumenten und Selbstfahrende Autos erfüllen höchst verlässlich ihren Zweck. Dass menschliche Leistungen übertroffen werden ist dabei sogar unabdingbar, da nur so ausnahmslos Unfälle verhindert werden können.

Obwohl die Theorie des Deep Learning bereits 1980 aufgestellt wurde, waren die größten Fortschritte erst die letzten Jahre möglich. Dies liegt unter anderem daran, dass für die Technologie Unmengen an Daten nötig sind. Selbstfahrende Autos benötigen beispielsweise Millionen an Bildern und Videos, etwa von Straßenschildern, anderen

Fahrzeugen und Menschen. Des weiteren muss der Grafikprozessor extrem leistungsfähig sein, um Deep Learning sinnvoll und in kürzester Zeit umsetzen zu können.

Wesentliche Unterschiede Machine Learning/Deep Learning

- Machine Learning nutzt Algorithmen um Daten zu analysieren, aus den Daten zu lernen, und aus dem Gelernten schließlich Entscheidungen zu treffen
- Deep Learning strukturiert Algorithmen in Layer und erschafft damit ein künstliches neuronales Netzwerk, das lernen kann und selbst intelligente Entscheidungen trifft
- Deep Learning ist eine Unterkategorie des Machine Learning. Beide fallen grob in den Bereich der künstlichen Intelligenz, jedoch ist Deep Learning wesentlich "menschlicher" als Machine Learning

Genaue Funktionsweise Neuronaler Netzwerke

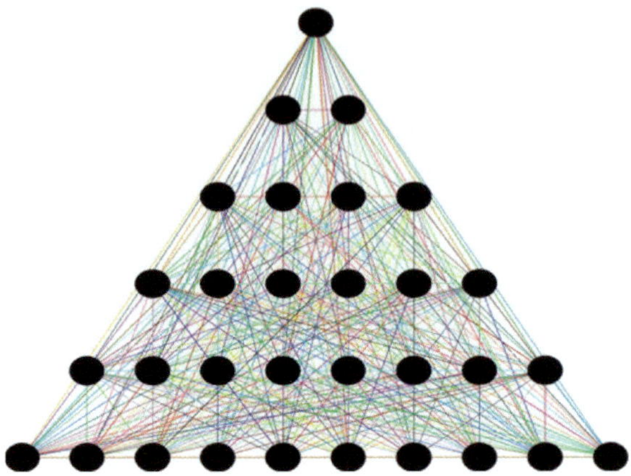

Künstliche neuronale Netze sind an den Neuronen des menschlichen Gehirns orientiert, obwohl sie sich tatsächlich wenig ähnlich sind. Es gibt verschiedene Arten neuronaler Netze, die durch unterschiedlich gewichtete Wege und Knotenpunkte verbunden sind. Die verschiedenen Neuronen werden wie im menschlichen Gehirn geschichtet und angeordnet, und bilden dadurch ein Netz aus aufgenommenen Informationen. Diese Schichten umfassen eine Eingabeschicht, über die Daten in das System gelangen, und eine Ausgabeschicht, über welche die Antworten erfolgen. Dazwischen finden sich eine oder mehrere versteckte Schichten, auf denen das eigentliche Lernen stattfindet. Typischerweise lernen neuronale Netze durch Gewichtsveränderungen der Querverbindungen zwischen den Knotenpunkten. Jedes Neuron selbst hat in der Informatik individuell gewichtete Eingangswerte. Aus diesen Eingangswerten berechnet das Neuron über eine

Funktion einen Ausgangswert, durch die Organisation von Neuronen in unterschiedlichen Ebenen können diese Ausgangswerte zu neuronalen Netzwerken verbunden werden. Die neuronalen Netze spannen dabei Ebenen von unterschiedlicher Komplexität auf: In der ersten Ebene beginnt das System mit der Identifizierung von relativ einfachen Mustern, bei Bildern können dies etwa unterschiedliche Helligkeitsstufen der einzelnen Pixel sein. In der zweiten Ebene kommen Kanten hinzu, in der dritten Ebene Formen oder Objekte. Dabei fließen immer mehr Beispieldaten bzw. Trainingsdaten durch die neuronalen Netze, wodurch die internen Verknüpfungen kontinuierlich optimiert werden und das System „intelligenter“ wird. Je mehr Trainingsdaten zur Verfügung stehen, umso besser wird das Resultat und die Entwicklung der KI. In einer daten-gesteuerten Umgebung erlauben Deep Learning Systeme, eine automatisierte Extraktion und Identifikation von Daten und Mustern. Die Fähigkeit von Deep Learning Systemen zu lernen, wie Handlungsabläufe zu planen sind, ermöglicht die Entwicklung intelligenter Agenten, um die Wissensarbeit zu automatisieren und kontextbewusste Robotersysteme zu erstellen.

Was ist Natural Language Processing?

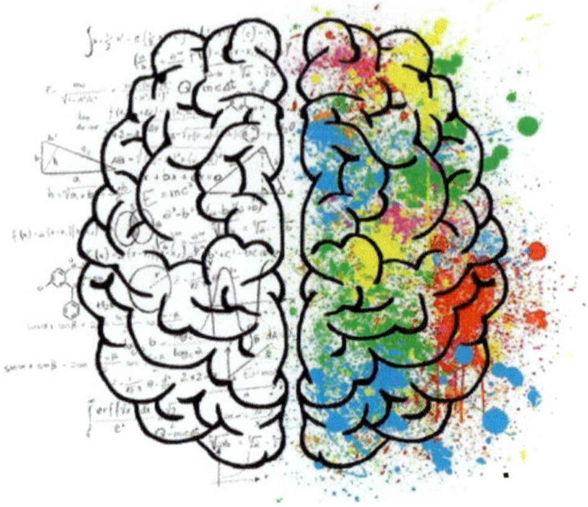

Natural Language Processing (NLP) ist eine Kategorie Künstlicher Intelligenz, die sich mit dem Sprachverständnis von Computern beschäftigt. Das System soll dabei lernen, menschliche Sprache zu verstehen, zu interpretieren und zu manipulieren. Sein Ziel ist es die Lücke zwischen menschlicher Kommunikation und Verständnis des Computers zu füllen.

Natural Language Processing ist keine neue Idee und hat bereits jahrzehntelange Entwicklung hinter sich. Glücklicherweise macht die Technologie momentan massive Fortschritte, da die Kommunikation zwischen Mensch und Maschine in unserem Alltag immer wichtiger wird. Aufgrund des vermehrten Interesse der Konsumenten und der verfügbaren Menge an Daten findet eine konstante und rapide Verbesserung statt.

Wir Menschen haben eine Muttersprache, über die wir primär kommunizieren. Ob Deutsch, Englisch oder Japanisch, wir tauschen unsere Gedanken über gelernte

Wörter aus, die unser Gegenüber problemlos versteht, oder sie zu seinem Verständnis in andere Begriffe umwandelt. Die Muttersprache eines Computers ist für uns jedoch schwer zu begreifen. Die niedrigste Form von Kommunikation für eine Maschine erfolgt durch eine Folge von Millionen von Nullen und Einsen, die eine Sequenz logischer Verfahren beschreiben. Natürlich machen wir uns über den genauen Ablauf im “Gehirn” unserer Geräte nicht wirklich Gedanken. Wir sprechen mit Alexa, die unsere Vorlieben speichert und ihren Algorithmus dementsprechend anpasst, während sie uns in einer menschenähnlichen Stimme antwortet. Das Gerät aktiviert sich also automatisch, sobald es die menschliche Stimme erkennt, versteht dann die Absicht des Gesprochenen und basierend auf diesen informationen wird dann eine Aktion, begleitet von einer grammatikalisch makellosen gesprochenen Rückmeldung, ausgeführt. Und das alles in einem Zeitraum von etwa fünf Sekunden. Diese komplette Interaktion ist der Technik des Natural Language Processing, Machine Learning und Deep Learning zu verdanken. NLP hilft Computern, mit Menschen in ihrer eigenen Sprache zu kommunizieren und somit menschliche Befehle einfacher und schneller umzusetzen. NLP ermöglicht es Computern zum Beispiel auch, Texte zu lesen, Sprache zu verstehen und zu interpretieren und sogar Gefühle zu messen und zu bewerten. Moderne Maschinen können mehr sprachlich festgehaltene Daten analysieren als Menschen, weil der Faktor der Müdigkeit oder Verzerrung nicht zu berücksichtigen ist. Durch die massiven Mengen an neuen Daten, die täglich in der Welt entstehen, etwa durch Videos, Posts oder Blogeinträge, wird diese Automatisierung unentbehrlich sein um all das zu analysieren.

Teilbereiche des Natural Language Processings

Natural Language Processing bedient sich einiger verschiedener Techniken, die es möglich machen, menschliche Sprache zu interpretieren. Von statistischen und Machine Learning-Methoden zu regelbasierten und algorithmischen Ansätzen wird ein breites Spektrum an Verfahren eingesetzt. Diese Vielfalt ist nötig, da text- und sprachbasierte Daten stark in ihrer Zusammensetzung und Anwendung variieren. Die Maschine muss die gegebenen Informationen entweder durch das Gesprochene, also Schall, oder geschriebene Wörter verstehen und nach dem Sinn ordnen. Grundsätzlich wird die Sprache in kleinere, elementare Teile zerstückelt, damit die Beziehungen zwischen den Teilen zu einer Bedeutung zusammengefügt werden können. Hierbei gibt es einen bestimmten Ablauf, nach dem der Prozess des NLP, um eine Erfolgreiche Aufnahme der Daten zu sichern.

- Spracherkennung und Segmentierung der erfassten Laute in Wörter und Sätze
- Unterscheidung der Grundformen der Wörter und der grammatikalischen Zusammensetzung
- Ausmachen der Funktionen einzelner Wörter und ihrer Bedeutung für den Satz (Substantiv, Verb, Adjektiv, etc.)
- Schlussfolgerung auf die Bedeutung einzelner

Satzteile und schließlich ganzer Sätze
- Erkennen von Satz-Zusammenhängen und -Beziehungen.

Nach Ablauf dieser gegebenen Schritte kommt es oft zu Missverständnissen, da trotz schneller technischer Fortschritte immer noch keine Erkennung von bestimmten sprachlichen Stilmitteln, wie Ironie, rhetorischen Fragen oder Sarkasmus möglich ist. Für diese Art der Sprache ist oft ein tieferes Verständnis von Emotionen und Humor nötig, was künstlicher Intelligenz zu heutigen Zeiten noch fehlt.

Folgende Funktionen sind auf höheren Niveaus des Natural Language Processing möglich:

- Inhalts-Kategorisierung: Das Zusammenfassen ganzer Dokumente mit automatischem erfassen sinngemäßer Zusammenhänge, mit Rückschlüssen auf eventuelle Warnmeldungen
- Themenfindung und Modellierung: Bedeutungen und Themen werden genaustens erfasst, analysiert und optimiert
- Kontextuelle Extraktion: Grundaussagen können sofort aus dem Gesamttext erfasst werden
- Stimmungsanalyse: Identifizieren der Grundstimmung oder einzelner Meinungen innerhalb großer Textmengen
- Umwandlung von Sprache in Text und umgekehrt
- Zusammenfassung
- Automatische Übersetzung in hunderte Sprachen

Alltagsbeispiele

- Der bereits erwähnte E-Mail Spam Ordner funktioniert zu großen Teilen durch NLP. Oft kann man feststellen, dass die Spam Mails sich in ihrer Betreffzeile oder bestimmten Schlagwörtern im Text ähneln. NLP erkennt diese Ähnlichkeiten und klassifiziert Spam Nachrichten sofort.
- Bei einem verpassten Anruf besteht die Möglichkeit, sich die auf den Anrufbeantworter gesprochene Nachricht per E-mail schicken zu lassen. Das bedeutet die NLP Technologie wandelt die Sprachnachricht in geschriebenen Text um und verfasst automatisch eine E-Mail mit dem Inhalt.
- Beim verwenden der Suchleiste auf Webseiten, beispielsweise um Artikel zu bestimmten Themen zu finden, wird ebenfalls NLP eingesetzt. Die gesuchten Wörter werden im Text erkannt, oder es werden Rückschlüsse auf ähnliche Themen gezogen.

Die menschliche Sprache ist unheimlich komplex und divers, nicht zuletzt weil es hunderte verschiedene Variationen davon gibt. Wir drücken uns auf unendlich vielfältige Art und Weise aus und nutzen dabei Sprache, Schrift, Kunst oder Musik. Innerhalb jeder Sprache gibt es weitere unzählige Dialekte, eigene Grammatik und Syntax Regeln, sowie Umgangssprache und Jargon. Oft verwenden wir Abkürzungen oder lassen Satzzeichen aus, wenn wir schreiben. Auch wenn wir sprechen haben wir eigene

Akzente, stottern oder nuscheln und verwenden einzelne Worte oder Sprichwörter aus anderen Sprachen. Diese endlose Komplexität erfordert Machine- und Deep Learning auf höchstem Niveau. Die Hauptaufgaben von NLP sind momentan, die Mehrdeutigkeit der Sprache aufzulösen und den tatsächlichen Sinn einzelner Aussagen zu erfassen. die Konzentration liegt dabei auf Spracherkennung und Textanalyse. Zukünftig wird es zunehmend ein Thema sein, versteckte Bedeutungen und Emotionen aus Aussagen herauszufiltern. Sollte es einem Computer dann möglich sein, Ironie und Humor zu verstehen und selbst anzuwenden, ermöglicht das eine extrem menschliche Konversation.

Maschinen-Ethik/Roboterethik

Computer führen Befehle aus, zu denen wir sie programmiert haben. Deshalb könnte man argumentieren, dass Computer über keine eigene Verantwortung über die Dinge verfügen, die Menschen ihnen aufgetragen haben. "Absichtliche" Handlungen des Computers beschränken sich immer noch auf die gegebene Intention seines Programmierers. So gesehen können Computer als Werkzeuge ihrer Schöpfer beschrieben werden, deren einzige Rechenschaftspflicht sich auch auf genau diese bezieht.

Die fortgeschrittene künstliche Intelligenz wird immer auch von ethischen Dilemmas begleitet, die Lösungen erfordern. Deshalb entsteht hier ein komplett neuer Bereich, die Maschinen-Ethik. Maschinen-Ethik ist generell eine Disziplin, die ethische Probleme und Komplikationen im Bereich der künstlichen Intelligenz anspricht, mit dem Ziel diese nach menschlichen Idealvorstellungen zu lösen. Während KI sich in den letzten Jahrzehnten langsam aus Science-Fiction Filmen in unsere Realität eingeschlichen hat, werden die daraus resultierenden ethischen Konsequenzen erst seit kurzem thematisiert. Mit der Existenz "schlauer" Maschinen muss auch Moral eine gegebene Fähigkeit sein, wenn diese zukünftig mit Menschen zusammenarbeiten sollen.

Als Roboter autonomer wurden, wurde die Realität, dass sie sich irgendwann ethische Gegebenheiten aneignen müssten immer realer. Wenig überraschend ist, dass künstliche Intelligenz im Bereich des Militär an vorderster Front ist. Dort produzieren Forscher eine unglaubliche Variation und "Spezies", wie beispielsweise den Sandfloh, der durch ein Fenster oder bis aufs Dach springen kann, während er alles mit einer eingebauten Kamera filmt. Dann rollt er auf Rädern weiter, bis er wieder springen muss. Eine sechsbeinige Roboter-Kakerlake, die Wände hochklettern kann. Ein hundeartiger Roboter, der hinter den Menschen herläuft und dabei 180kg an Ressourcen transportieren kann. Eine Überwachungsdrohne mit dem Gewicht eines Eherings fliegt, und eine, die mit 2.7 Tonnen an Bomben beladen fliegen kann.

Video-Link"Sandfloh":
https://www.youtube.com/watch?v=F2je8qZn7ME

Im Bereich unseres Alltags sind es nicht nur die selbstfahrenden Autos, die sich langsam durchsetzen. Auch Flugzeuge können sich selbst landen und Züge sich selbst steuern. Gerade im Personenverkehr ist dies mit einigen Risiken verbunden. Tödliche Unfälle sind nicht selten, doch meistens haben Menschen die Katastrophen zu verantworten. Mit dem zukünftigen Einsatz autonomer Maschinen könnte sich dies jedoch ändern. Es wird kaum zu vermeiden sein, dass Roboter Entscheidungen über Leben oder Tod in unvorhersehbaren Situationen machen werden müssen. Dies setzt eine gewisse moralische Verantwortung voraus. Waffensysteme werden immer noch größtenteils von Menschen kontrolliert und gesteuert. Doch je ausgeklügelter die Maschinen werden, desto wahrscheinlicher ist es, dass sie einmal selbstständig Befehle ausführen werden. Wenn es soweit ist, stehen uns massive moralische Dilemmas bevor. Sollte eine Drohne auf ein Haus schießen, in dem sich die Zielperson befindet, obwohl es Zivilisten enthält? Sollte ein selbstfahrendes Auto, bei dem Versuch Fußgängern auszuweichen, in den

Gegenverkehr fahren und damit seine Insassen in Gefahr bringen? Sollte ein Roboter den Menschen über das Ausmaß eines Disasters berichten, und damit eine Massenpanik riskieren?

Zur Vermeidung dieses Problems muss eine sichere Taktik her. Wissenschaftler erstellen Programme mit feststehenden Regeln, anstatt den Roboter seine eigenen Ansichten kreieren zu lassen. Befürworter dieser Regeln sehen einen Hauptvorteil: es ist immer ersichtlich, wieso die Maschine die jeweiligen Entscheidungen trifft. Nämlich weil ihr Erzeuger ihr diese festgelegt hat. Besonders bei der Debatte der autonomen Maschinen im Militär-Gebrauch ist dies eine große Sorge. Egal ob Maschinen Soldaten unterstützen oder potenziell tödliche Missionen ausführen, in der Hitze des Gefechts müssen die ethischen Intentionen klar festgelegt sein, denn es bleibt keine Zeit für den Roboter, diese selbst zu evaluieren. Wenn eine Maschine sich entscheiden muss, einen Soldaten zu retten, oder einem Feind nachzujagen, muss vorher festgelegt sein, welche der beiden Optionen sinnvoller ist. Doch auch bei der Entwicklung dieser Konzepte müssen internationale Einsatzregeln beachtet werden, die die militärische Gewalt regulieren. Hier werden ethische Überwachungs-Algorithmen eingebaut, die das Abschießen einer Rakete nur erlauben, wenn die Situationen eindeutig sind. Ist dies nicht der Fall, muss das Handeln von einem Menschen überschaut und bestätigt werden.

In der Umsetzung äußert sich dieser Überwachungs-Algorithmus folgendermaßen: eine Drohne bekommt den Auftrag, feindliche Ziele zu töten. Das Abfeuern einer Rakete ist ihr aber nicht erlaubt, wenn Gebäude mit Zivilisten in unmittelbarer Nähe sind. In diesem Fall entscheidet die Drohe anhand der Entfernung bestimmter Gebäude, wie beispielsweise Krankenhäuser oder Schulen, ob ein Angriff ausgeführt werden darf. Dies wird mit Hilfe von Aussagen programmiert. “Wenn Aussage richtig, vorrücken; wenn falsch, nicht vorrücken.” Vorerst werden diese ethischen Dilemmas also vermieden, indem klare Logik eingesetzt wird. Solange die Technik noch nicht fortgeschritten genug ist, dass Maschinen ihre eigenen Entscheidungen treffen, wird dies auch ausreichen.

Logik in künstlicher Intelligenz

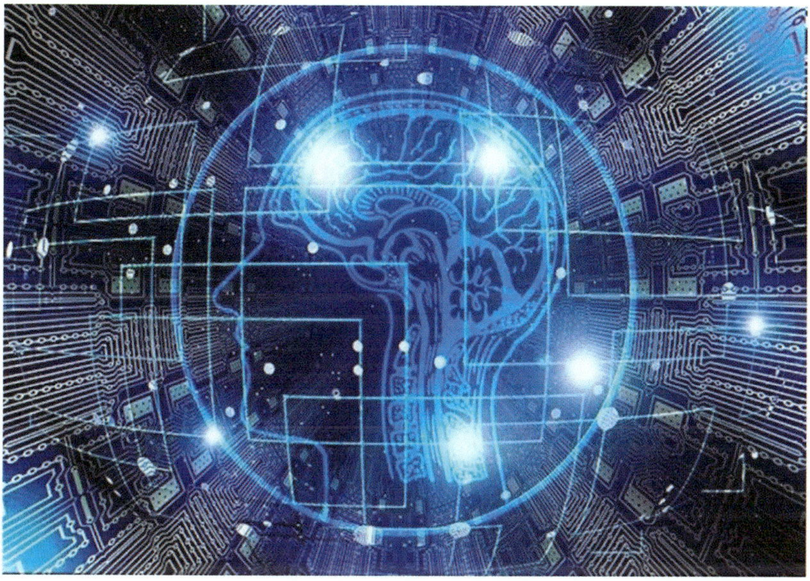

Logisches Denken ist es, was Menschen von Amöben unterscheidet und uns ermöglicht, Amöben überhaupt erst mit Sicherheit zu erkennen. Die Fähigkeit logisch zu argumentieren entspringt dem Verständnis einer abstrakten gedanklichen Abbildung der Welt. Diese Sichtweise wollen Wissenschaftler ihren künstlichen neuronalen Netzwerken beibringen. Dies ist nicht irgendeine Art von Logik, sondern die der Ontologie, die sich damit beschäftigt, wo wir herkommen und was uns als Menschen verbindet. Ontologie beschäftigt sich mit philosophischen Fragen wie: “Was ist der Mensch?”, “Gibt es einen Gott?”, “Was ist Raumzeit?”. Diese Logik kann auf Ländern, Menschen, Tiere, Bäume, Steine oder jede andere Art von Material angewendet werden und soll argumentieren, was die

Ursprünge, Anfänge und zukünftigen Zwecke der jeweiligen Sache sind. Je weiter die neuronalen Netzwerke voranschreiten und in Konkurrenz mit unserem menschlichen Dasein treten, desto höher ist die Wahrscheinlichkeit, dass auch sie in ihrer freien Zeit die Gedanken schweifen lassen werden, und über philosophische Grundideen nachdenken werden. Bereits heute können neuronale Netzwerke Schlussfolgerungen aus einfach Fakten ziehen. Zum Beispiel: ein neuronales Netzwerk erhält Fakten über Menschen und kann daraus Aussagen über ihre Beziehungen zueinander machen. Zwei Menschen, die beide die Eltern einer anderen Person sind, müssen ebenfalls verwandt sein. Im selben Stil können Rückschlüsse über Städte, Länder und Provinzen gemacht werden. So lernt das neuronale Netzwerk neues über die Welt und kann seine Informations-Datenbank erweitern. So funktioniert beispielsweise die Funktion auf Facebook: “Menschen, die Sie vielleicht kennen.” Die ursprünglichen Beziehungen decken Details auf, die sonst oft übersehen werden.

Mensch gegen Maschine

Uns allen ist bewusst dass Maschinen generell wenig mit Menschen gemeinsam haben. Maschinen sind die Schöpfung der Menschen und wurden konzipiert, um unser Leben zu erleichtern und Aufgaben schneller auszuführen, als wir. Wir verlassen uns in vielen Bereichen bereits komplett auf Maschinen, sodass nur wenige sich ein Leben ohne ihre Elektronischen Begleiter vorstellen können.

Eine Maschine ist nur eine Zusammensetzung verschiedener Kleinteile und wird verwendet um spezifische Funktionen auszuführen. Computer besitzen kein Leben, sie sind mechanisch. Menschen sind jedoch aus Fleisch und Blut, was uns alles andere als mechanisch macht.

Menschen haben Gefühle und Emotionen, die gegenüber anderen ausdrücken können. Trauer und Glück sind unweigerlich Bestandteil unseres Lebens. In diesem Aspekt unterscheiden wir uns massiv von Maschinen. Selbst wenn es uns einmal gelingen sollte eine künstliche Intelligenz zu erzeugen, ist es unwahrscheinlich dass diese dasselbe Maß an Emotionen erleben könnte. Maschinen funktionieren einfach aufgrund der Details die sie in ihr mechanisches Gehirn gefüttert bekommen. Noch haben nur wir Menschen die Fähigkeit, Situationen voll und ganz zu verstehen und von diesem Verständnis ausgehend zu handeln.

Während Menschen nach ihrem Bewusstsein handeln, verhalten sich Maschinen so, wie sie programmiert worden sind. Sie entscheiden noch nicht aus ihrer eigenen Intelligenz, wie Menschen es tun. Sollte es irgendwann zu diesem Punkt kommen, wird es trotzdem immer eine künstliche, menschengemachte Intelligenz sein. Die Großartigkeit der Intelligenz eines Computers hängt immer von der Intelligenz seines menschlichen Schöpfers ab.

Menschen handeln meist aus einem persönlichen Bedürfnissen oder einer Ambition heraus. Da Maschinen keine richtigen Bedürfnisse haben, sind sie meist auf menschliche Führung und Befehle angewiesen, um in Bewegung zu kommen. Obwohl sie potenziell sehr hoch entwickelt sind, haben sie keine originellen Gedanken, die ihrer Persönlichkeit entspringen, wie es bei Menschen der Fall ist.

Auch wenn zukünftige künstliche Intelligenz unsere Potenziale in vielen Dingen weit übersteigen mag, wird sie trotzdem nie an die eines Menschen herankommen. Wir können über den Tellerrand hinausschauen und abstrakte Konzepte und Metaphern verstehen. Ein Mensch kann nicht anders, als die Dinge infrage zu stellen und nach

Erkenntnissen zu forschen. Dies ist durch die Begierde nach Verständnis begründet, die jedem Menschen inne wohnt. Ein wissbegieriger Mensch handelt nicht basierend auf einer Reihe von Funktionen, sondern er wird von seinem Verlangen getrieben. Was ist der Unterschied zwischen einer Komposition von Bach, und der eines Computers basierend auf den Kompositionen von Bach? Bach verzauberte Millionen mit seiner Abbildung seiner tiefsten Gefühle mithilfe von Musik. Eine Maschine kann nicht mehr als diese Darstellung blank zu imitieren. Es steckt keine wahrhaften Emotionen dahinter, wofür wir Menschen ein spezielles Gespür haben.

Ein Mensch befindet sich immer in Entwicklung. Er oder sie ist ständig dabei, etwas zu werden. Dieses "werden" ist bewusst und selbstbestimmt. Dies basiert nicht auf rechnerischen Schlüssen, sondern auf dem dynamischen Trieb des Verlangens, der sich im Streben nach persönlichen Erfahrungen äußert, die dann mit Verwirrung oder Staunen aufgenommen werden. Selbst wenn sie dieselben Daten wie Menschen erfassen, werden KI Geräte nicht von Neugier angetrieben, sondern von Parametern und Variablen. Der menschliche Verstand wird von seiner eigenen Forschung betrieben.

Einsatzbereiche

Künstliche Intelligenz in Form von neuronalen Netzwerken und Expertensystemen können in fast allen Bereichen bis zu einem bestimmten Grad eingesetzt werden. Die Kombination aus hoher Präzision und kurzer Berechnungszeit macht KI zu einer innovativen Technologie. In größeren Firmen übernehmen Roboter bereits einige Fließband-Arbeitsplätze, wodurch sie Menschen in eine eher überwachende Rolle verdrängen. Aktien-Firmen verwenden künstliche Intelligenz um die Daten zu Analysieren, und basierend auf diesen Analysen kaufen und verkaufen die Computer ohne menschliches Eingreifen. In der Gaming-Industrie wird künstliche Intelligenz ebenfalls vielfältig eingesetzt. Sie dient beispielsweise als Gegenspieler. Am bekanntesten ist hierbei die Verwendung im Schach. Obwohl diese Maschinen nicht so Intelligent sind wie Menschen, können sie trotzdem innerhalb von Sekunden hunderte von Optionen berechnen, bevor sie ihren nächsten Zug machen. Momentan beschäftigen sich unzählige internationale Organisationen mit dem Erschaffen einen künstlichen Intelligenz.

Dies sind ihre beiden Spitzenreiter:
Google

Google hat zwei Dinge die definitiv von Vorteil sind, wenn es um das Thema KI geht. Enorme Rechenleistung und eine unglaubliche Menge an Daten. Google gilt als einer der Vorreiter bei der Entwicklung künstlicher Intelligenz. Seit ihrer Entscheidung die Aufgabe neu anzugehen, gab es massive Fortschritte und auch andere große Namen, wie Facebook, Apple, Amazon und Microsoft sprangen auf den Zug auf. Als Googles "Deep Mind" einen Go-Spieler mithilfe neuronaler Netzwerk-Technologie besiegte, flammte das Interesse um KI wieder auf. Das "Google Car", ein selbstfahrendes Auto, ist in Produktion und gilt als äußerst vielversprechend. Google hat bereits auf dem Gebiet der KI-Forschung mehrere aufsehenerregende Durchbrüche erlebt. Zusammen mit Forschern verschiedener Universitäten entwickelten sie eine künstliche Intelligenz, die selbst in der Lage ist, eine KI-

Software zu schreiben. Außerdem erstellte Google eine KI, die verschlüsselt mit einer anderen KI kommunizieren kann und dabei ihren eigenen ab-hör-sicheren Algorithmus entwickelt. Die Verschlüsselung war dabei so ausgeklügelt, dass selbst die Google-Forscher nicht dahinter kamen, wie sie genau funktioniert. Zukünftig können wir von dem Weltunternehmen wohl noch einige Durchbrüche erwarten.

IBM

IBM ist vor allem für eine seiner künstlichen Intelligenzen bekannt: “Watson”. Das Computersystem gewann 2011 in einer Quizshow das Spiel “Jeopardy” gegen die beiden erfolgreichsten menschlichen Kandidaten in der Geschichte der Sendung. Hier wird vor allem Wissen aus einer Vielzahl von Gebieten gefordert, sowie abstraktes Assoziieren, eine Fähigkeit die für KIs selten ist. Mittlerweile wurde Watson weiterentwickelt und mit leistungsfähigen Analyse- und Spracherkennungs-Funktionen ausgestattet. Aus Bildern, Dokumenten, Websites, Blogs, etc. kann er umstrukturierte Daten verstehen und Schlussfolgerungen herstellen, die ihm bei Entscheidungen helfen. Er lernt selbstständig und kann sich somit immer weiter verbessern. Watson wird auch in medizinischen Feldern eingesetzt und erstellt beispielsweise auf Basis einer elektronischen Patientenakte und unter Berücksichtigung des aktuellen Krankheitszustands, Therapievorschläge.

Andere Bereiche, in denen KI bereits Gang und Gäbe ist:

Wettervorhersagen nutzen ebenfalls Technologien in Verbindung mit KI. Daten aus der Vergangenheit werden dem System zu Verfügung gestellt und durch die Analyse der momentanen Wetterbedingungen können dann Aussagen für die Zukunft gemacht werden.

Expertensysteme sind dazu konzipiert, in ihrem jeweiligen Ausbildungsbereich über komplettes Expertum zu verfügen. Sie werden entwickelt um Hindernisse in bestimmten Nischen-Bereichen zu überwinden. Diese Systeme verwenden statistische Analysen und Data Mining, um diese Probleme zu lösen, indem sie die Lösungen durch einen logischen Fluss von Ja-Nein-Fragen ableiten. Ein Expertensystem besteht aus drei Teilen. Die Wissensbasis, die alle Informationen, Regeln, Daten und Beziehungen speichert, die das System benötigt um alle Fachkenntnisse in dem bestimmten Bereich zu haben. Die Inferenzmaschine, die Informationen aus der Wissensbasis anfordert, diese analysiert und mit einer Lösung oder Empfehlung antwortet, wie es auch ein menschlicher Experte tun würde. Der dritte Teil, die Regel, ist eine Bedienungsanweisung, die die gegebenen Konditionen mit dem Endergebnis verbindet.

Data-Mining oder Wissens-Extraktion: Ein schnell wachsender Bereich. Er ist Teil des Vorgangs der "Wissensentdeckung in Datenbanken". Dieser Prozess besteht aus einzelnen Schritten die vor dem Data-Mining getan werden, wie beispielsweise die Datenauswahl, Datenbereinigung, Vorverarbeitung von Daten und Datentransformation. Data-Mining nutzt die Algorithmen des Computers um versteckte Muster und Beziehungen zwischen Elementen und Daten zu entdecken.

Schwerindustrie: Roboter mit künstlicher Intelligenz sind in der Schwerindustrie sehr verbreitet und werden in Jobs eingesetzt, die ansonsten als gefährlich für den Menschen gelten. Diese Roboter erhöhen die Effizienz massiv, da sie während der Arbeit keine Pausen benötigen, wodurch die Gefahr der Ermüdung beim Menschen nicht mehr besteht.

Automatisierte Texterstellung: Diese Funktion wird Hauptsächlich im Journalismus zum Einsatz kommen, wo Texte nicht mehr von Menschen verfasst werden, sondern durch einen bereits programmierten Algorithmus. Besonders wenn es sich bei den Themen um ähnliche Strukturen und Muster handelt, kann die Maschine automatisch einen sinnvoll zusammenhängenden Text zu dem Thema der Wahl erstellen. Beispielsweise kann ein Computer in kürzester Zeit einen Bericht über ein Fußballspiel erstellen, bei dem er die Daten früherer Spiele, die geschossenen Tore und andere Ereignisse auf dem Spielfeld mit einbezieht. Auch für Meldungen die etwas schneller an den Mann geraten müssen, eignet sich diese Technik, wie etwa bei Erdbeben oder Sturmwarnungen.

Die Texte sind dabei kaum von normalen Menschen verfassten Artikeln zu unterscheiden.

Intelligente virtuelle Agenten/Chatbots & E-Learning: Ein Agent ist ein, oft in Computerspielen, im Kundensupport und in sozialen Netzwerken genutzter, animierter Charakter. Sie interagieren mit Nutzern, lösen eigenständig Probleme und machen auf diese aufmerksam. Obwohl sie lange nur als Volltext-Suchmaschine zum Einsatz kamen, werden sie heute auch zu Unterhaltungszwecken genutzt. Mit AI Chatbots, wie Mitsuku, kann man online intelligente Konversationen führen. Intelligente virtuelle Agenten werden auch im E-Learning eingesetzt. Die Lernenden werden dabei spielerisch motiviert, indem sie zum Beispiel mit dem Bot Robbie lernen, zu “coden”. Über den Facebook-Messenger schlägt Robbie zum Beispiel passende Tutorials vor oder schickt einem Erinnerungen, sich Zeit zum Programmieren freizuhalten.

Robotergesteuerte Prozessautomatisierung: Hier übernehmen Software-Roboter die menschliche Interaktion mit Softwaresystemen, um eine große Anzahl an wiederkehrenden, einfachen Aufgaben zu bewältigen. Ähnlich wie der Mensch geben sie Daten über die Benutzeroberflächen ein. In Kombination mit künstlicher Intelligenz sind auch komplexere Eingabe-Prozesse möglich und die Roboter können auch unstrukturierte, unterschiedliche Daten verarbeiten.

Zukunftsaussichten

Die Verwendung künstlicher Intelligenzen wird unweigerlich zu der Produktion von Maschinen und Computern führen, die wesentlich fortgeschrittener sind, als solche, die wir momentan verwenden. Spracherkennungssysteme werden wesentlich höhere Leistungs-Ebenen erreichen und mit un-vorher-bestimmten Aussagen und Texten auf unsere Befehle antworten. Besonders in medizinischen und administrativen Bereichen wird künstliche Intelligenz weit fortgeschritten sein und damit die Patientenpflege billiger und effektiver machen. Doch wenn es um künstliche Intelligenzen geht, die das menschliche Können weit übersteigen, scheint niemand zu wissen, was die Zukunft bringt. Wie lange diese Entwicklung brauchen würde, falls sie überhaupt möglich wäre, kann niemand genau vorhersagen. Die Eigenschaften menschlicher Gehirne, wie das Lernen aus Erfahrungen und Wahrnehmung, werden zukünftig auch Maschinen besitzen. Roboter werden uns einige Arbeiten abnehmen und diese effizienter erledigen als die Menschen vor ihnen. Bei Krankheiten wird es möglich sein, eine Roboter-Krankenschwester anzuheuern, die uns in Intervallen mit Medizin und Pflege versorgt. Bereits heute werden

Robotertechnologien in Altersheimen verwendet. Trotzdem befindet sich künstliche Intelligenz noch in den Kinderschuhen und der Fortschritt hängt ganz davon ab, wie schnell Wissenschaftler das Geheimnis unseres menschlichen Gehirns lüften.

Zukünftige Anwendungsbereiche künstlicher Intelligenz

Smartes Privatleben: Besonders die Smarthome Technologie wird zukünftig weit voranschreiten. Wie teilweise schon in Science-Fiction Filmen gezeigt wurde, werden wir wohl zukünftig mit unseren Häusern sprechen können und diesem Befehle geben können, wie das schließen der Fenster und Rolläden. Alexa ist heute schon eine treue Helferin in vielen Haushalten, da sie automatische Einkaufszettel anfertigt und die Müllabfuhr-Zeiten direkt abrufen kann. Natürlich hat sie auch noch etliche andere Funktionen, die im Alltag hilfreich sein könnten. Außerdem wird es intelligentes Spielzeug für Kinder geben, das den imaginären Freund ersetzen kann.

Einzelhandel: Die Shopping-Trips der Zukunft werden sich wohl wesentlich müheloser Gestalten, denn es wird nicht mehr nötig sein, sich für jedes Outfit in die Umkleidekabine zu schleppen. Unser Körper wird einfach auf einem Monitor angezeigt, sodass wir ohne anprobieren wissen, ob sie uns stehen oder nicht. Intelligente Kameras erleichtern Verkäufern ihren Job und machen direkt Kunden ausfindig, die nach Hilfe Ausschau halten.

Medizinische Diagnosen: Vor allem medizinische Sektoren werden stark vom Einsatz künstlicher Intelligenz profitieren. Diagnosen werden nicht nur von behandelnden Ärzten kontrolliert, sondern auch von Computern, die auf alle früheren Daten und Informationen im Zusammenhang mit der vermuteten Krankheit zugreifen können. So verringert sich die Wahrscheinlichkeit einer Fehldiagnose massiv. Auch in der Altenpflege könnten Pflegesysteme oder Roboter eingesetzt werden.

Industrielle Revolution: In "Smart Factories" werden vernetzte Roboter unabhängig zusammenarbeiten und damit die Produktion stark ankurbeln. Zwar werden heute schon viele Maschinen eingesetzt, doch in Zukunft wird es nicht mehr nötig sein diese zu überwachen und zu überprüfen, da sie eventuelle Fehler nicht nur selbst diagnostizieren, sondern auch behandeln können. Die Vernetzung der Maschinen ermöglicht den Kontakt mit anderen Standorten, sodass die Produktion auf Angebot und Nachfrage reguliert werden kann.

Innovative Kommunikation: Im Bereich der innovativen Kommunikation, beschränkt sich der Fokus fast ausschließlich auf Chatbots. Mit diesen Softwaresystemen ist es möglich, die Kommunikation mit dem Kunden zu automatisieren und Angestellten damit eine große Arbeitslast abzunehmen.

Das Internet der Dinge

Besonders hohes Potenzial verspricht die Verbindung von künstlicher Intelligenz und dem Internet der Dinge, der internationalen Vernetzung aller Daten. Lösungen werden hier wohl größtenteils verschmelzen, denn die Kombination von „Smart Devices“ mit KI ermöglicht es, ein intelligentes Verhalten der Geräte zu simulieren und fundierte Entscheidungen mit wenig oder gar keiner menschlichen Intervention zu treffen. Kernelemente des IdD (Internet der Dinge): Konnektivität, Sensordaten und Robotik werden dazu führen, dass zukünftig nur wenige Geräte ohne Smart-Funktion existieren werden, da sonst kein Zugriff auf diese besteht. Das Internet der Dinge braucht Smart-Geräte, die zu einem gewissen Grad mit KI-Technologie ausgestattet sind. KI soll dabei als Kerntechnologie für das IdD auftreten, in dem bis 2020 mehr als 50 Milliarden Geräte miteinander vernetzt sein könnten. Da Menschen die enorme Masse an Daten, die diese Geräte produzieren, in kürzester Zeit kaum auswerten und daraus Hypothesen ableiten können, sollen KI-Systeme in diesem Bereich die Lösung der Zukunft darstellen. Das Wachstum des Internet der Dinge wird massive Datenmengen zur Folge haben, und die Anzahl der vernetzten Geräte weltweit steigt jährlich schnell. Diese Masse an Daten wird Unternehmen vor einige Herausforderungen stellen. Etwa zu bestimmen, wie diese Daten verwaltet, analysiert und daraus aussagekräftige Erkenntnisse gewonnen werden können. Es bleibt nichts anderes übrig als die Analyse-Geschwindigkeit aufrecht zu erhalten, oder sie sogar zu verschnellern. Daten sind nämlich nur dann nützlich, wenn daraus auch Handlungen umgesetzt werden können. Dafür muss ihr Sinn ermittelt werden und logisch eingeordnet sein. Anders herum profitieren KI-Systeme gleichfalls vom IdD: Um sich weiterzuentwickeln und ihre Leistung zu verbessern, brauchen lernende KI-Systeme eine große Menge an Daten, die durch die im Internet der Dinge verbundenen Geräte generiert werden.

Fazit

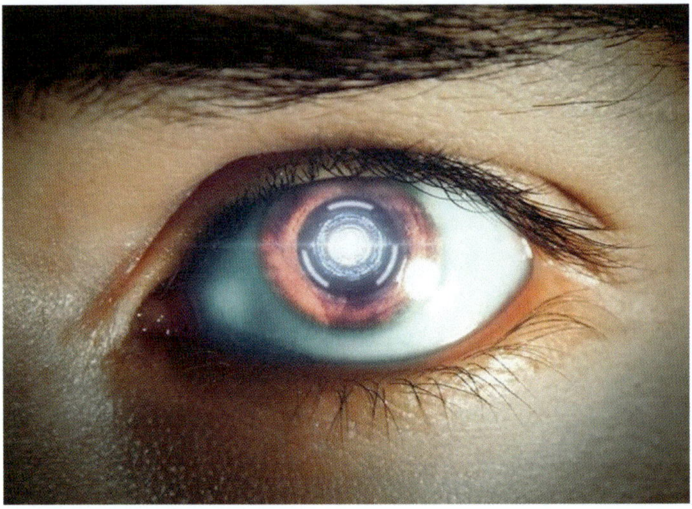

Ob es uns gefällt oder nicht, Künstliche Intelligenz wird ein großer Bestandteil unserer Zukunft sein und hat das Potenzial, einen erheblichen Einfluss auf die digitale Wirtschaft und die Gesellschaft zu entwickeln. Schon heute arbeiten Technologieunternehmen angestrengt daran, KI zu einer umfassenden Realität zu machen, auch wenn dies in unserem Alltag schon durch Smartphones und andere Geräte wahr ist. Intelligente Informationssysteme werden einige Arbeitsbereiche abdecken und die Gesellschaft mit ihren gewöhnlichen Arbeitsrollen auf den Kopf stellen. Eine Kombination aus günstiger Rechenleistung, großen Datenmengen und optimierten Algorithmen hat dazu geführt, dass die Innovationsleistung im Bereich der KI derzeit quasi exponentiell ansteigt. Was vor wenigen Jahren noch unrealistisch erschien, ist heute Realität. Im Kontext der Digitalisierung und einer von Daten getriebenen Ökonomie wird sich das Einsatzspektrum von KI-Systemen wohl noch weiter ausdehnen, von der Unterstützung menschlicher Aktivitäten durch kognitive intelligente Systeme, durch Roboter, die sicher und adaptiv mit Menschen interagieren können, in Form von intelligenten und autonomen Geräten im Internet der Dinge bis hin zu selbstfahrenden Fahrzeugen, die schon in wenigen Jahren auf unseren Straßen verkehren könnten. Wie viel aus unseren Science-Fiction Klassikern jedoch Realität wird, lässt sich heute noch nicht sagen. Eines ist sicher, die nächsten Jahre können wir Fortschritte erwarten, die unsere Leben massiv beeinträchtigen und erleichtern werden.

Vielen Dank für den Kauf dieses Buches, wir hoffen es hat ihnen gefallen. Wir würden uns sehr darüber freuen, wenn Sie uns eine Bewertung auf Amazon hinterlassen würden , wie Sie das Buch fanden.

Fragen, Wünsche und Anregungen?

Wir versuchen stets unsere Bücher zu verbessern und sind natürlich auch auf ihre Hilfe angewiesen. Daher übersehen auch wir mal Fehler. Wir sind ihnen zu tiefst dankbar, wenn Sie uns auf Fehler hinweisen. Natürlich nehmen wir uns auch gerne Verbesserungsvorschläge zu herzen.

Fanden Sie dieses Buch hilfreich? Haben Sie einen Fehler entdeckt? Haben Sie Fragen zu einem Abschnitt? Sind Sie unzufrieden mit dem Buch? Oder haben Sie einen anderen Wunsch, den wir ihnen erfüllen können?

Zögern Sie nicht und schreiben uns per E-Mail: **f.raschke@ok.de**

Oder
Geben **Sie** uns ein **Feedback!**

Danke für ihre Unterstützung!

Quellenangabe

https://www.planet-wissen.de/technik/computer_und_roboter/kuenstliche_intelligenz/

https://www.nlpt.de/nlp/

https://www.spektrum.de/thema/kuenstliche-intelligenz/1301266

Video:

https://www.youtube.com/watch?v=F2je8qZn7ME/

Bilder:

https://pixabay.com/

Haftungsausschluss

Der Inhalt dieses eBooks wurde mit großer Sorgfalt geprüft und erstellt. Für die Vollständigkeit, Richtigkeit und Aktualität der Inhalte kann jedoch keine Garantie oder Gewähr übernommen werden. Der Inhalt dieses eBooks repräsentieren die persönliche Erfahrung und Meinung des Autors und dient nur dem Unterhaltungszweck. Der Inhalt sollte nicht mit medizinischer Hilfe verwechselt werden. Es wird keine juristische Verantwortung oder Haftung für Schäden übernommen, die durch kontraproduktive Ausübung oder durch Fehler des Lesers entstehen. Es kann auch keine Garantie für Erfolg übernommen werden. Der Autor übernimmt daher keinerlei Verantwortung und Haftung für vorhandene Unrichtigkeiten. Dieses eBook kann Links enthalten zu anderen Webseiten. Auf den Inhalt dieser Webseiten haben wir keinen Einfluss. Deshalb kann auf diesen Inhalt auch keine Gewähr übernommen werden. Die verlinkten Seiten wurden zum Zeitpunkt der Verlinkung auf mögliche Rechtsverstöße überprüft. Für die Inhalte der verlinkten Seiten ist aber der jeweilige Anbieter oder Betreiber der Seiten verantwortlich. Rechtswidrige Inhalte konnten zum Zeitpunkt der Verlinkung nicht festgestellt werden.

Impressum

Anschrift
Fabian Raschke
Stengelhofstraße 55
68219 Mannheim
E-mail: **f.raschke@ok.de**

Printed in Germany
by Amazon Distribution
GmbH, Leipzig

16568994R00036